Editora Appris Ltda.
1.ª Edição - Copyright© 2023 dos autores
Direitos de Edição Reservados à Editora Appris Ltda.

Nenhuma parte desta obra poderá ser utilizada indevidamente, sem estar de acordo com a Lei nº 9.610/98. Se incorreções forem encontradas, serão de exclusiva responsabilidade de seus organizadores. Foi realizado o Depósito Legal na Fundação Biblioteca Nacional, de acordo com as Leis nos 10.994, de 14/12/2004, e 12.192, de 14/01/2010.

Catalogação na Fonte
Elaborado por: Josefina A. S. Guedes
Bibliotecária CRB 9/870

A958r 2023	Ávila, Alfenus José De
	    Reaprenda a gastar : como aprender a economizar e eliminar o desperdício em sua vida / Alfenus José De Ávila. – 1. ed. – Curitiba : Appris, 2023.
	    82 p. : il. color. ; 20 cm.
	
	    Inclui referências.
	    ISBN 978-65-250-5277-9
	
	    1. Finanças. 2. Educação financeira. 3. Dinheiro. I. Título.
	<div align="right">CDD – 332</div>

Livro de acordo com a normalização técnica da ABNT

Appris editora

Editora e Livraria Appris Ltda.
Av. Manoel Ribas, 2265 – Mercês
Curitiba/PR – CEP: 80810-002
Tel. (41) 3156 - 4731
www.editoraappris.com.br

Printed in Brazil
Impresso no Brasil

REAPRENDA A GASTAR

ALFENUS ÁVILA

FICHA TÉCNICA

EDITORIAL	Augusto Coelho
	Sara C. de Andrade Coelho
COMITÊ EDITORIAL	Marli Caetano
	Andréa Barbosa Gouveia - UFPR
	Edmeire C. Pereira - UFPR
	Iraneide da Silva - UFC
	Jacques de Lima Ferreira - UP
SUPERVISOR DA PRODUÇÃO	Renata Cristina Lopes Miccelli
ASSESSORIA EDITORIAL	Daniela Nazário
REVISÃO	Marcela Vidal Machado
PRODUÇÃO EDITORIAL	Daniela Nazário
DIAGRAMAÇÃO	Bruno Ferreira Nascimento
CAPA	Carlos Pereira
REVISÃO DE PROVA	Jibril Keddeh

PREFÁCIO

Em julho de 2021, perdi um quarto da minha renda líquida. A notícia desorganizou minha vida. Estava, literalmente, na véspera de assinar o contrato de aluguel da minha nova residência, em outra cidade. Nos primeiros dias perdi o chão, por conselho da minha mãe, procurei meu tio para me aconselhar sobre o melhor caminho para contornar essa situação desafiadora.

Procurar meu tio foi o primeiro dos muitos ganhos que tive em uma situação que – aparentemente – era de perda. Cancelei minha proposta de aluguel, não mudei de cidade, mas transformei a minha vida.

Com a ajuda generosa desse tio querido, organizei minhas finanças e estou construindo uma nova relação com o dinheiro. Tenho um novo olhar sobre os meus recursos que me traz mais tranquilidade, felicidade e realização.

Esse tio, tão doce, paciente, generoso e sábio, é o autor deste livro que resume os ensinamentos que ele disponibilizou para mim na hora do sufoco. Faço votos que esta orientação dada com leveza e simplicidade leve você a resultados tão bons quanto os meus.

Tânia Hormann

SUMÁRIO

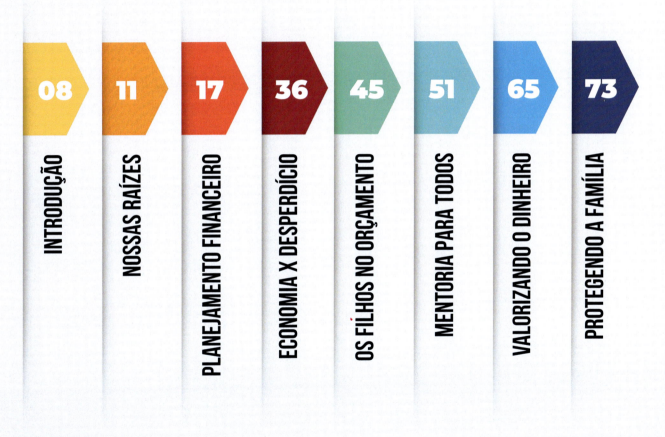

- 08 — INTRODUÇÃO
- 11 — NOSSAS RAÍZES
- 17 — PLANEJAMENTO FINANCEIRO
- 36 — ECONOMIA X DESPERDÍCIO
- 45 — OS FILHOS NO ORÇAMENTO
- 51 — MENTORIA PARA TODOS
- 65 — VALORIZANDO O DINHEIRO
- 73 — PROTEGENDO A FAMÍLIA

INTRODUÇÃO

Olá! Há alguns anos penso em escrever um livro sobre o tema que é título desta simples publicação.

Hoje em dia, mais ainda, precisamos repensar nossa cultura financeira, otimizar o uso do dinheiro e reduzir custos.

Precisamos acabar com a preocupação com dinheiro. A maioria das famílias perdeu renda com a pandemia da Covid-19, é verdade, umas mais, outras menos, e hoje a classe média já não é mais tão média como já foi antes da pandemia.

Isso é possível na maioria das vezes, falo por experiência pessoal, e é disso que vamos tratar aqui ao longo destes capítulos, mas antes quero falar um pouquinho da minha origem, porque tem a ver com o meu texto.

Meus pais eram fazendeiros no Sul de Minas. O casal teve cinco filhos e resolveu se mudar para São Paulo (SP) pensando na educação dos filhos.

Em SP, a família começou vida nova, financeiramente éramos classe B com uma educação de classe média, graças à minha mãe, que veio de uma família abastada e teve uma educação fina.

Meu pai trabalhou como jardineiro nos bairros do Alto de Pinheiros e Alto da Lapa e meus irmãos mais velhos começaram a trabalhar como podiam, como auxiliares de escritório, office-boys em banco, cartório etc.

Meu irmão mais velho fez Odontologia na Universidade de São Paulo (USP) e de professor assistente se tornou titular da cadeira de Prótese, onde trabalhou por muito tempo.

Minha irmã mais velha fez Enfermagem, foi da primeira turma do curso superior da USP, anexo ao Hospital das Clínicas, onde foi enfermeira-chefe da ala de Psiquiatria.

Meu outro irmão fez Matemática na USP, precocemente aos 28 anos conquistou o título de PhD em Matemática pela New York University, com bolsa do Conselho Nacional de Desenvolvimento Científico e Tecnológico (CNPq).

Minha outra irmã fez Direito no Centro de Ensino Unificado de Brasília (CEUB) e foi executiva de uma estatal de energia elétrica.

Eu fui alfabetizado em SP, estudei em escolas estaduais, as melhores daquela época, e fiz Engenharia na Escola de Engenharia Mauá.

Trabalhei duro para pagar a faculdade, fazendo apostilas, dando aulas de reforço para alunos abastados dos Jardins e vendendo de tudo que aparecia na minha frente como oportunidade, desde sapatos, roupas, material escolar e até título de clube de campo.

Trabalhei mais de 30 anos na indústria de alumínio, fui algumas vezes ao Japão, em programas de atualização de tecnologia, qualidade, gestão de pessoas e redução de custos. E me encantei com a cultura japonesa, a busca contínua da perfeição e a aversão ao desperdício.

Foi assim que comecei a repensar minha cultura de lidar com dinheiro, com bens, com a educação dos filhos e a gestão da família; e até a pensar em um dia escrever um livro sobre o assunto.

Espero que você aproveite alguma coisa destes escritos e possa adotar alguns dos aprendizados que assimilei e que me foram muito úteis.

NOSSAS RAÍZES

Você já conhece a minha origem, o que me deixa mais à vontade para dizer que, quando as coisas são difíceis e o orçamento é apertado, a gente aprende a viver com o que pode ter, mantendo a esperança de um dia ter o que gostaria de ter, mas ainda não pode.

Na minha casa, produtos como frutas e verduras eram os de baixo custo; a comida era simples e as roupas, as essenciais.

Por isso aprendemos a gostar de alimentos baratos, como laranja, banana, mandioca, batata e limonada feita em casa, e aprendemos a usar vestuário comprado nas ruas de comércio popular e liquidações.

O orçamento era apertado, mas nem por isso passamos fome. Minha mãe saiu de um ambiente de muito conforto, mas soube muito bem fazer seus milagres na cozinha, alimentar e cuidar da família com baixo custo.

Vi minha mãe aproveitar roupas velhas para criar uma nova roupa; transformar roupas já apertadas de um irmão mais velho para um mais novo; e a levar calçados para o sapateiro colocar a clássica meia sola, atualmente em extinção.

No meu tempo de criança nós não tínhamos recurso para a compra de brinquedos, mas nem por isso eu e meus amiguinhos pobres fomos infelizes.

A gente fazia os brinquedos: eram pipa, pião de madeira, caminhãozinho de madeira etc. Eu me lembro que a carroceria desse brinquedo era uma lata de sardinha e as rodas eram feitas de carretel de linha de costura que, naquele tempo, era de madeira. Os faróis eram dois pequenos discos cortados de uma embalagem de alumínio, colados na frente do caminhãozinho.

Muitas vezes era impossível reproduzir um brinquedo comprado pronto, na loja, mas construir o próprio brinquedo certamente é mais educativo e criativo; e tenho certeza de que é muito prazeroso, porque o "fui eu que fiz" envaidece e dá uma conotação de respeito por parte dos amiguinhos mais abastados, talvez a mesma conotação de quem fez um curso de sobrevivência na selva contando um pouco dessa sua experiência numa roda de amigos.

Por experiência, posso dizer que isso tem um lado bom, faz a gente valorizar o que ganha e aprender a otimizar o uso do dinheiro.

De fato, nossas raízes impactam extremamente nosso comportamento, eu sempre achei que a gente precisa aprender a ser feliz com o que tem e não ser infeliz com as limitações financeiras e com as adversidades da vida, que atingem quase todos, pelo menos em alguns momentos da vida.

Acredito que aquele que veio de uma vida modesta e melhorou o nível financeiro tem mais facilidade de controlar gastos e enfrentar adversidades, como perder o emprego, por exemplo, e criar um plano B enquanto busca uma outra oportunidade de mesmo nível ou até melhor.

Como dizem os psicoterapeutas, esse perfil de pessoa acaba desenvolvendo, na prática, maior resiliência, maior capacidade de suportar dificuldades, da mesma forma que podemos aumentar a força física ganhando musculatura na academia, fazendo os músculos trabalharem.

A propósito, resiliência, nesse sentido, veio emprestado da metalurgia; como também forjar, por exemplo: é preciso forjar líderes com alta resiliência.

Recordando, na metalurgia, resiliência é a capacidade de os metais deformados sob um esforço retornarem à forma original, ao cessar esse esforço.

Quando tudo anda redondo e dinheiro não é problema, a tendência é um afrouxamento, um sedentarismo comportamental com gastos; parece que a pessoa deixa a coisa correr sem necessidade de controlar os gastos do dia a dia, até porque não há necessidade.

Penso que a falta de recursos estimula a criatividade. Quando você não tem, você improvisa, você inventa, ou até inventa para si próprio uma maneira de não desejar ter aquilo que não pode ter.

Estou falando do mesmo mecanismo que ocorre no processo de redesenhar e implementar um orçamento financeiro com redução de custos e desperdícios.

Quando uma família está gastando mais do que pode ou não estão sobrando recursos financeiros para projetos futuros importantes, é hora de parar, pensar, reinventar, criar um plano e agir rápido, antes que a coisa fique pior e antes que seja mais doloroso resolver.

A solução desse problema é tipicamente de ordem atitudinal/comportamental.

Não é difícil fazer isso quando se tem uma metodologia; quando se consegue o envolvimento e comprometimento de todos os membros da família, o desafio fica interessante, estimulante. E é prazeroso alcançar o resultado porque, literalmente, todos ganham.

Os japoneses dizem que a perfeição nunca será alcançada, mas é sempre possível chegar mais perto dela se trabalharmos para isso todos os dias.

E quando se fala em orçamento, gastos domésticos, isso cai muito bem, sempre há espaço para reduzir custos sem causar desconforto até, é claro, chegar a um limite definido.

PLANEJAMENTO FINANCEIRO

Ouvi dizer que Deus criou o Universo em seis dias e descansou no sétimo, e que um consultor morreu e, ao se encontrar com Deus, perguntou se isso era verdade, ao que Ele respondeu:

"Na verdade, não, meu filho. Eu gastei três dias para **planejar** tudo e três dias para construir e depois descansei no sétimo dia".

O planejamento é essencial para tudo, para construir uma casa, fazer uma festa de aniversário ou para utilizar os recursos financeiros da família, que é o nosso tema aqui.

O Planejamento Financeiro familiar nada mais é que um conjunto de ações e regras organizadas e estruturadas, para harmonizar os gastos com os ganhos ou as receitas de uma família ou de uma pessoa.

É o plano de voo financeiro da família, que utiliza o mesmo conceito do plano de voo de um voo comercial.

O plano de voo de uma aeronave que vai sair de Congonhas-SP para Porto Seguro--BA considera todos os parâmetros importantes para sair da origem e chegar ao destino nos horários previstos e voar com toda a segurança possível e conforto para os passageiros; enfim, para tudo dar certo como foi planejado.

Aí estão considerados todos os parâmetros técnicos importantes, como o volume de combustível que a aeronave deve ter, a rota a ser voada, velocidade e altitude de cruzeiro, dados de navegação, condições meteorológicas na rota etc., inclusive alternativas em caso de emergências.

Aqui é a mesma coisa, o Planejamento Financeiro parte da melhor estimativa de gastos da família, considerando todas as necessidades financeiras durante o mês todo, que seria uma planilha de gastos, modernamente chamado *Budget* Familiar, primeiro passo para se criar um plano de redução de custos.

Quem ganha R$2.000,00/mês e gasta R$1.800,00/mês tecnicamente está em situação melhor do que quem ganha R$20.000,00 e gasta R$20.000,00/mês.

Vale perguntar:
- Por que pessoas ficam apertadas com dinheiro?
- O que faz pessoas gastarem mais do que ganham
- E pensar que quanto mais se ganha, mais se gasta?

A resposta técnica é Falta de Planejamento.

O nosso modelo de sociedade é muito perverso, faz a gente gastar o desnecessário, com grifes, supérfluos etc. porque é preciso acompanhar as pessoas do nosso convívio comprando o que elas compram, porque os filhos menores pressionam os pais ou até porque os pais não querem ficar para trás.

A sedução para gastar dinheiro é permanente e a tecnologia criou novos canais de sedução, como o telemarketing e a facilidade de fazer compras on-line.

Além disso, principalmente crianças e adolescentes geralmente desejam seguir a classe superior à deles, eu digo, os que vivem mais modestamente e têm amiguinhos mais abastadas, ansiando pelos mesmos brinquedos, roupas etc. que os abastados têm.

No ano de 1943, o estudioso do comportamento humano Abraham H. Maslow publicou o que ficou chamado de A Pirâmide de Maslow, que traduzia a teoria da motivação humana, classificando nossas necessidades em cinco níveis, pela ordem de prioridade:

Fisiológicas;
Segurança;
Afeto;
Estima;
Autorrealização.

Foi comprovado pelos estudiosos em comportamento humano o fato de, nessa linha de prioridades, nossos gastos supérfluos crescerem também. Embora num primeiro momento não seja agradável deixar de gastar dinheiro, creio plenamente que quase todos nós, indivíduos ou famílias, temos condições de superar todos esses obstáculos e reduzir nossos custos, utilizando metodologias e ferramentas para isso acontecer sem sofrimento, sem dor, da mesma forma que o dentista trata nossos dentes sem dor, utilizando anestesia.

O primeiro passo para reduzir custos é saber com que e quanto estamos gastando, ou seja, onde gasto meu dinheiro, que desaparece antes de o mês desaparecer?

Para enxergar isso, é necessário criar um *Budget* Familiar, cuja fotografia é algo similar à planilha que segue. Ela é genérica, porque cada caso é um caso, este é apenas um exemplo.

BUDGET FAMILIAR
JAN 2022

ALIMENTAÇÃO
Supermercado
Varejão
Padaria
Açougue
Refeições externas

DESPESAS PESSOAIS
Vestuário
Cuidados pessoais, beleza
Farmácia
Lavanderia
Mesada dos filhos

LOCOMOÇÃO
Veículo
Combustível/troca de óleo
Estacionamento/Sem parar
Manutenção
Licenciamento
Seguro
Multas
Uber

EDUCAÇÃO
Escola
Material escolar
Transporte escolar
Curso de línguas
Eventos escolares
Lanches/refeições

SAÚDE
Plano de Saúde
Dentista
Medicamentos
Academia/personal trainer

MORADIA
Aluguel/condomínio
Água
Energia elétrica
Internet/TV a cabo
Serviços domésticos
– empregada/diarista/
férias/13° etc.
Manutenção doméstica

PROJETOS FINANCEIROS
Previdência Privada
Consórcio
Aplicações
Seguro de vida
Financiamentos
Pagamento de dívidas e
cartão de crédito

DIVERSOS
Presentes/flores
Eventos

LAZER
Clube
Esportes
Viagens para disputar torneios
Cinema/jogos
Férias
Natal

Subtotal
Contingências
Total

Se você ainda não utiliza uma planilha desse tipo, ao montar a sua, vai se surpreender com seus compromissos financeiros e vai dar um grande passo no sentido de controlar gastos e reduzir custos.
É muito importante avaliar todos os gastos da família e classificá-los em duas categorias:

ISTO EU TENHO QUE MANTER

São os itens essenciais, que precisam ser levados em consideração, como: alimentos básicos, moradia etc.

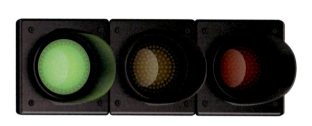

ISTO SERIA LEGAL EU MANTER

Aqui estamos considerando os itens que não são essenciais e são até supérfluos, como brinquedos caros, joias, bebidas, alimentos finos etc.

Isso sendo feito em conjunto com os filhos os leva a entender que itens da segunda categoria, os não essenciais, podem ser avaliados. E faz muito sentido a argumentação de que é necessário estabelecer limites.

Lazer, por exemplo, é importante, mas é possível reduzir o gasto com lazer, da mesma forma que é possível reduzir o gasto com bebidas.

Acredito que reduzir custos é um processo que tem um componente muito mais emocional do que racional, porque saber quanto e onde se gasta é muito fácil, o difícil é reduzir gastos.

Como já mencionei, é um processo de mudança de atitude e de comportamento. Pode ter um grau de dificuldade baixo, médio ou alto, dependendo do preparo de cada um e da capacidade de realizar algo que é, no mínimo, desconfortável ou que pode ser até doloroso durante algum tempo.

É necessário ter vontade de fazer acontecer e para isso existem ferramentas que podem facilitar o processo.

Economizar e eliminar desperdícios passa por uma mudança cultural, não tem jeito.

Com o tempo, o valor material do que se economiza ou se deixa de desperdiçar é secundário; o importante é reduzir esse gasto, não importa se estamos falando de 10 reais ou 1.000 reais, o mais importante é o resultado!

Os japoneses adotam esse conceito. Certa vez, ouvi do presidente de uma grande companhia fabricante de relógios que lá todos trabalhavam continuamente, sempre com a mesma determinação, para reduzir desperdícios. Todas as oportunidades eram importantes, não importava se a economia fosse de US$1 ou US$1 milhão.

Existe um aspecto tão importante quanto o lado financeiro, que é o lado moral. Por exemplo, desperdiçar comida e água. São bens que precisam ser respeitados, afinal muitas pessoas estão passando fome e sede. E a água é um bem que está se tornando cada vez mais escasso, até que novas tecnologias venham a viabilizar, a custos razoáveis, outras fontes de tratamento e purificação da água.

Reduzir custos é um processo similar a perder peso ou deixar de fumar, por exemplo, porque gastar e desperdiçar são hábitos que podem ser mudados.

Como a proposta para gastar menos impacta todos os membros da família, pais e principalmente os filhos dependentes, recomendo que o processo seja conduzido como um projeto. Nesse projeto, criamos primeiramente uma atmosfera favorável, para que todos os membros da família participem.

E depois, essa conscientização será, aos poucos, estendida aos auxiliares domésticos.

É importante ter um mentor, uma espécie de orientador do projeto, para facilitar o sucesso da proposta.

Por experiência, sei que a redução de custos é mais difícil nos itens que dizem respeito aos filhos, por isso é necessária uma metodologia adequada para lidar com esses usuários.

Você pode reduzir custos prospectando preços mais baixos, migrando para marcas mais econômicas, reduzindo o volume de consumo ou eliminando determinado item do orçamento, ainda que seja temporariamente.

Ao montar a planilha da sua família, o que deve ser feito pelo casal, digo os pais, como primeiro passo, é abrir o assunto com os filhos, ou seja, anunciar a intenção de desenvolver o projeto de controle e redução de custos.

Com foco nas crianças e adolescentes, é o momento de abrir para todos, como estão altos os gastos e como é possível, com a ajuda de todos, fazer uma redução para sobrar dinheiro, porque o dinheiro que sobrar vai beneficiar a família, cobrindo outras necessidades; muitas, do interesse direto da turminha.

É importante conduzir esse encontro num dia e num horário adequados, dizendo com antecedência que existe um projeto importante que vocês, pais, querem realizar, mas que precisam da ajuda de todos, e que pode trazer muitos benefícios a todos.

Isso deve ser feito com descontração, tornar o evento alegre e jamais em tom sombrio, com ameaças ou previsões sinistras, como: "Estamos correndo o risco de ter que tirar você do balé, Patricinha, e você do judô, Pedrinho".

Isso não traz uma contribuição, ao contrário, é muito negativo e vai fazer os dois sofrerem sem necessidade!

Se o anúncio for conduzido de maneira descontraída, é muito provável que os filhos venham a se interessar e queiram participar desse primeiro encontro.

Sugiro um ambiente alegre! E para comemorar, no final do encontro, que pode durar 1h ou mais, que se faça uma comemoração com algo do agrado deles, por exemplo, um bolo, sorvete etc.

30

Imagine que alguém esteja internado num hospital devido a um acidente que lhe atingiu gravemente uma perna.

Apesar de todo esforço e a competência da equipe médica, a perna gravemente atingida não tem recuperação, tem que ser amputada.

Aqui estão duas formas diferentes para lidar com a mesma realidade, com resultados diferentes.

Na primeira forma, a equipe médica entra no quarto do paciente, onde se encontram alguns parentes.

Com ar grave, semblante carregado, o médico-chefe da equipe médica comenta em detalhes os danos que afetaram nervos, tecidos e a estrutura óssea da perna e comunica que, apesar de todos os esforços, a perna terá que ser amputada.

O clima é tenso, o paciente e familiares choram. Pessoas ficam arrasadas.

É um típico relato de insucesso.

Na segunda forma, entra no quarto do paciente uma jovem enfermeira, alegre e sorridente, trazendo um lindo buquê de rosas vermelhas, dá um sonoro bom dia aos presentes no quarto, arruma graciosamente as flores e afasta as cortinas para o sol invadir o ambiente.

Em seguida, entra outra jovem trazendo uma garrafa de champanhe, balde de gelo, taças etc., também com alegria estampada no visual.

Na sequência, entra a equipe médica, com semblante alegre, ar de vencedores.

Pura alegria que toma conta do ambiente!

O médico-chefe da equipe médica, num tom de entusiasmo diz ao paciente: "Temos uma ótima notícia para você! Vamos substituir sua perna danificada por um sistema avançado construído com uma liga especial de titânio e fibra de carbono, e você vai voltar a andar!".

Em seguida, uma apresentação preparada com antecedência, mostrando imagens de testes e utilização do sistema por pessoas que o receberam, caminhando, correndo e praticando esportes num desempenho até melhor que pessoas sãs.

Um inegável motivo para comemoração!

32

O que mudou nesses dois casos?

Quanto à decisão de amputar uma perna, nada; mas quanto ao efeito provocado, mudou tudo, é claro que no segundo caso o efeito psicológico é altamente positivo e é isso que interessa.

É isso que tem que ser feito ao falar com os filhos!

Nosso interior vive uma luta constante entre a emoção e a razão, e às vezes a gente tem que racionalmente apelar para a emoção para conseguir um resultado melhor. É como dar uma descarga elétrica num coração para trazê-lo de volta. Às vezes descargas elétricas podem salvar vidas!

Nesse encontro da família, eu sugiro que cada um tenha um lugar reservado, lápis e papel para anotações de providências e sugestões para serem apresentadas no próximo encontro.

As crianças não devem ficar largadas sozinhas nessa tarefa de dar sugestões, é muito positivo ter a participação da mãe ou do pai nessa empreitada para estimular que descubram sugestões, isso vai dar um sentido de legitimidade na participação de cada um no desafio que se está propondo.

Outra lição de casa para os pais é fazer uma análise de todos os itens da planilha, identificando possíveis oportunidades de gastar menos, como já mencionamos, buscando preços mais baixos, migrando para marcas mais econômicas, reduzindo o volume de consumo ou eliminando um determinado item.

Sem motivação e sem comprometimento de todos, o projeto não vai rolar, ou não vai andar tão bem como poderia.

Lembre-se de que nada funciona por imposição, o ser humano funciona por motivação e comprometimento.

Eu diria que, na realidade, esse processo nada mais é do que uma maneira inteligente de se criar uma reserva financeira.

Se uma família consegue derrubar um orçamento de R$15.000,00/mês para R$13.000,00/mês, ela está gerando uma economia de R$24.000,00/ano.

Na realidade, podemos dizer que o que houve foi uma coleta de fundos pelas diversas caixinhas do orçamento, essa coleta permitiu criar uma nova caixinha, que podemos batizar de caixinha da reserva financeira, que, no nosso exemplo, está positiva em R$24.000,00!

Ainda vamos falar mais dessa nova caixinha num outro capítulo.

A cultura oriental reconhece esforço com honraria, por exemplo, um diploma, uma condecoração e não com bônus ou um bem material.

Mas somos ocidentais e eu acredito que, por isso, um bônus vai funcionar melhor.

Talvez, para os filhos dependentes, isso seja um aprendizado sem preço, porque vai contribuir muito para a segurança, a capacidade de realizar, de participar, de contribuir e quem sabe, um dia, quando adulto, ser um vencedor.

ECONOMIA X DESPERDÍCIO

Há duas maneiras para se reduzir um orçamento familiar:

ECONOMIZAR E CORTAR DESPERDÍCIOS.

Muitas pessoas não entendem muito bem o que é economizar e o que é desperdiçar.

Para mim, economizar é deixar de gastar desnecessariamente, comprar alguma coisa de que você não precisa ou gastar mais do que você poderia para atender a uma necessidade.

EXEMPLOS:

Entrei numa livraria e, por impulso, comprei quatro livros, porque gosto de ler e leio uns três ou quatro livros por ano.

É óbvio que eu poderia, naquele momento, ter comprado somente um livro.

Vou tirar férias e quero passar 10 dias em Recife, saindo de SP.

Posso optar por ir na sexta-feira, num voo direto que sai às 10:00h de Congonhas, SP, cujo preço é R$3.800,00.

Mas localizei, pela internet, um voo promocional que sai de Guarulhos, SP, no domingo, às 12:15h, com escala em Salvador, BA, que custa R$1.800,00.

Se eu estiver disposto a alongar meu tempo de voo, posso deixar de gastar R$2.000,00 optando pelo voo promocional.

Nesses dois casos, eu poderia estar economizando.

Desperdiçar é consumir, algo ou um valor que não vai trazer benefício.

Exemplos:

Eu saio do meu local de trabalho para almoçar e deixo a sala vazia e o ar condicionado ligado sem necessidade.

Saio do banheiro, onde eu estava sozinho, e deixo as luzes acesas sem necessidade.

Nesses dois casos, estou desperdiçando.

Para pessoas que não possuem patrimônio, que não são abastadas, economizar e não desperdiçar é muito importante, a fim de salvar recursos para a realização de projetos, como comprar um terreno, custear a faculdade dos filhos, cobrir uma emergência etc.

O desperdício é um câncer cultural e nós temos essa doença que, felizmente, tem cura, basta que se queira curar.

Temos muitos exemplos no nosso dia a dia, dos quais a gente nem se dá conta. Tenho certeza de que, para quem ainda não aprimorou seu orçamento financeiro, é possível reduzir um bom percentual dos seus gastos mensais somente reduzindo desperdícios.

Um dos aprendizados que mais me impactaram no Japão foi a doutrina do não desperdício, isso mesmo, é quase uma doutrina.

Os japoneses têm obsessão pelo combate ao desperdício, por isso trabalham sem parar.

Tive oportunidade de visitar grandes empresas onde a meta era desperdício zero e chegavam muito próximo disso, anos-luz à nossa frente!

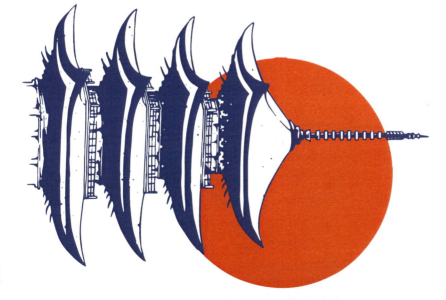

39

No Brasil, o desperdício está inserido na nossa cultura. Somente na área de alimentos, cerca de 30% dos alimentos aqui produzidos são descartados nas Centrais de Abastecimento – Ceasas, sem falar nas perdas durante colheita, transporte e manuseio.

(Veja site da Empresa Brasileira de Pesquisa Agropecuária – Embrapa.)

Quase 40% da nossa água potável é desperdiçada devido à precariedade dos sistemas de reserva e distribuição.

(Veja g1.com.br, 31 maio 2021).

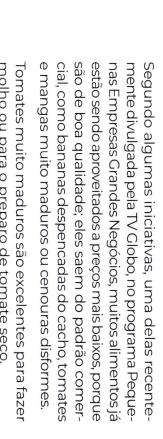

Segundo algumas iniciativas, uma delas recentemente divulgada pela TV Globo, no programa Pequenas Empresas Grandes Negócios, muitos alimentos já estão sendo aproveitados a preços mais baixos, porque são de boa qualidade; eles saem do padrão comercial, como bananas despencadas do cacho, tomates e mangas muito maduros ou cenouras disformes.

Tomates muito maduros são excelentes para fazer molho ou para o preparo de tomate seco.

Mangas muito maduras, que já seriam descartáveis, se cortadas em cubos e levadas ao congelador, produzem um suco cremoso e maravilhoso quando batidas com suco de limão, no liquidificador.

Cenouras disformes podem ser utilizadas normalmente caso o formato não interfira na aparência do prato.

Muitas partes de hortaliças são desprezados no Brasil por razões puramente culturais, por exemplo, as folhas da beterraba, a ramagem da cenoura, os talos de couve e de brócolis; e veja, estes são apenas alguns de dezenas de exemplos.

Reaproveitar esses itens na cozinha não é um demérito, não é pão-durice, ao contrário, é uma evolução cultural, é educação cívica e respeito aos menos favorecidos.

41

O reaproveitamento de pão velho – ou pão amanhecido, como dizia minha mãe – é muito fácil, ele pode voltar a ter consistência e textura semelhantes ao do pão fresquinho.

O que se pode fazer é partir o pão ao meio, como se fosse fazer um sanduíche, e borrifar as partes separadas com água filtrada, passar manteiga na superfície borrifada e aquecer na frigideira, ou fazer um sanduíche e aquecer na sanduicheira.

Certa vez, quando minhas filhas ainda eram pré-adolescentes, ao chegar em casa, no final da tarde, encontrei a casa com muitas luzes acesas, além de duas TVs ligadas, ar-condicionado ligado em dois quartos e ninguém em casa!

Foi nesse dia que eu resolvi iniciar o meu programa familiar de combate ao desperdício!

Banhos de crianças e adolescentes geralmente duram bem mais do que o necessário, cheguei a cronometrar mais de 20 minutos de tempo de chuveiro ligado, quando, na verdade, eu também cronometrei 10 minutos de chuveiro para se tomar um banho bem tomado, sem correria.

Muitas vezes, vi a secadora de roupas sendo utilizada sem necessidade, porque o tempo estava propício a secar naturalmente a roupa no varal.

Vi também a passadeira de roupa interromper o trabalho para almoçar e não desligar o ferro elétrico.

Na limpeza da casa, assisti a um exagero na quantidade de produtos; e na cozinha, observei no fogão o desperdício de gás, devido a chamas muito altas, sem necessidade. E assim por diante.

Comecei a fazer uma estimativa de desperdício desses insumos todos mencionados.

Cheguei a um resultado que me surpreendeu! A economia, ao final de um ano, seria da ordem de 15% a 20%, o que representava um montante significativo de dinheiro!

Para os filhos, mesmo uma parte dessa economia seria um prato cheio, daria para comprar vários objetos de desejo, como férias na praia, brinquedos eletrônicos, jogos, calças jeans de grife etc.

43

Criei um clima e convidei meus filhos e nossa auxiliar para conversar. E mostrei que, se eles começassem a reduzir os desperdícios, sobraria bastante dinheiro que daria para dividirmos, como se fosse um bônus por resultado obtido.

Seria um Papai Noel extra para todos. A aceitação foi imediata e muito entusiasmada!

Passamos a rever alguns procedimentos, como tempo sob o chuveiro, uso da secadora, do fogão, de produtos de limpeza etc.

Passamos a controlar as compras e as contas de água, energia elétrica e consumo de gás.

Elaboramos planilhas e, para satisfação de todos, principalmente minha, conseguimos acompanhar a queda sucessiva de gastos.

Foi uma experiência que valeu a pena, talvez uma iniciativa das mais importantes que tive na educação dos meus filhos!

44

OS FILHOS NO ORÇAMENTO

Considerando a família, resolvi abrir um capítulo específico para os filhos, porque merecem atenção especial. Por quê? Porque, afinal, eles respondem pela maior parte dos gastos constantes no orçamento doméstico de uma família.

Uma pesquisa que vi, há uns 25 anos, dizia que o custo para se criar e educar um filho de uma família de classe média, desde o nascimento até sair da faculdade com um diploma, era ao redor de US$500 mil.

É claro que hoje essa informação é apenas histórica, porque naquela época o mundo era outro.

Ao longo do tempo, o custo com a manutenção dos filhos até atingirem a independência financeira aumentou bastante por conta da tecnologia e das mudanças culturais. Vejam como os tempos mudaram, impactando enormemente os custos:

Há 50 anos, uma família de classe média, digamos um médico de 40 anos, com esposa de 38 anos e três filhos, de 15, 13 e 12 anos, tinha o seguinte perfil:

CASA
3 QUARTOS

- 1 automóvel
- 1 TV
- 1 aparelho de som para fita e vinil
- 1 telefone fixo
- 1 geladeira
- 1 fogão a gás, com forno
- 3 bicicletas

Os filhos podiam estudar em colégios estaduais, que eram de alto padrão; e a mãe cuidava da família com auxílio de uma empregada doméstica que dormia no emprego.

Considerando essa mesma família nos dias de hoje, a foto provavelmente seria a seguinte:

APTO
1 SUÍTE E 2 QUARTOS

- 2 carros
- 3 TVs
- 1 TV panorâmica
- 5 notebooks
- 5 celulares
- 1 geladeira
- 1 freezer
- 1 fogão a gás, com forno
- 1 forno micro-ondas
- 1 máquina de lavar louça
- 1 máquina de lavar roupa
- 1 máquina de secar roupa
- 5 bicicletas

Os filhos estariam estudando em colégios particulares, fazendo curso de inglês e fazendo academia e outros esportes assim como os pais.
A mãe provavelmente estaria trabalhando fora, comprando comida pronta, tendo o suporte de uma auxiliar doméstica e de uma diarista.

47

Tipicamente, os filhos dessa família virtual moderna gastam hoje muito mais do que há 50 anos, com vestuário, lazer, transporte e eventos da escola; e, ainda, alimentação e bebida, nos programas que fazem com os amigos fora de casa etc.

Por aí se vê que o orçamento que abrange os filhos, hoje em dia, é muito alto. Certamente, esses gastos com os filhos são o maior percentual do orçamento da família e merecem atenção especial.

Alguns pais se esquivam de levar filhos ao supermercado e, principalmente, ao shopping, para evitar gastos com eles e não os contrariar com isso.

Ou por não saberem contê-los, os levam e os deixam à vontade para comprar. Isso acontece, mesmo sendo família de classe média, com limitações financeiras.

Na minha opinião, as duas atitudes estão erradas, porque não contribuem para a educação da criança nem do adolescente, ao contrário.

Embora possa ser incômodo ou difícil, é importante colocar os filhos diante da realidade das coisas, de situações de escolha e tomada de decisão, ainda precocemente, porque a vida é assim.

Mais e mais eles terão que tomar decisões e entender que é preciso ser seletivo: algumas coisas a gente pode, outras a gente não pode e esse aprendizado tem que ser absorvido para haver entendimento e para evitar sofrimento.

48

Criar com os filhos um orçamento para cada um, para ser coberto com uma mesada mensal, é uma iniciativa extremamente importante para ajudá-los a conter custos e desperdícios.

Eu sempre costumava dizer para os meus: se estiver no seu orçamento, tudo bem; se não estiver, vamos ter que negociar.

Mas fazia isso mostrando que não se trata de uma atitude autoritária ou truculenta, e sim que é para o benefício do próprio filho ou filha. Eles têm que entender que o orçamento não pode ser comprometido, nem pode ocorrer falta de dinheiro para outros itens também importantes.

Isso dá aos filhos um sentido de responsabilidade e desenvolve neles a capacidade de valorizar o dinheiro. Os filhos precisam entender que dinheiro não cai do céu como diziam os avós de antigamente.

Essa explicação é muito importante, razão pela qual tem que ser formulada de maneira acessível e educativa.

É comum os filhos citarem os amiguinhos como referência, por exemplo: "Ah, o pai do Fabinho comprou para ele, eu também queria ter um...".

É importante dar atenção ao pedido e dialogar. Se não for conveniente atender, explicar por que, acenando talvez por outro ganho que ele vá ter, como a economia para a compra da bicicleta nova ou do joguinho eletrônico etc.

Isso evita frustração e um possível sentimento equivocado de que o pai do Fabinho é mais generoso do que o dele. É oportuno até mesmo ensinar aos filhos que, em muitas situações, não se pode ter tudo que seria legal ter, mas sim o que se pode ter naquele momento.

Às vezes é preciso tomar uma decisão entre a boneca Barbie ou o aquário com o peixinho, e a legitimidade dessa decisão é da criança.

Por aí se vê que, hoje, o orçamento dos filhos merece atenção especial; e, geralmente, o orçamento deles permite muito espaço para trabalhar, ou melhor, para negociar, pois é necessária muita habilidade para trabalhar e ganhar os filhos, obtendo resultados sem trauma, como já comentamos.

Se não aprendermos a enxergar oportunidades de economizar e de evitar desperdícios, nosso projeto vai render pouco.

Por isso, vou abordar um assunto delicado, que é o uso adequado dos nossos recursos.

É necessário para todos o aprendizado dentro de uma casa, para lidar corretamente com os recursos. Isso vale não só para os familiares, mas também para os auxiliares domésticos, a fim de utilizarem recursos básicos, como água, energia elétrica, fogão, forno, alimentos etc. de modo mais conveniente, evitando desperdícios.

Quando ligar o ar-condicionado, todas as aberturas do ambiente devem estar fechadas, a fim de reduzir a temperatura do ambiente até a desejável, quando então o aparelho passa a trabalhar numa condição mais econômica, somente para manter as perdas.

Lembre-se de que a função do ar-condicionado é reduzir a temperatura de um ambiente e não refrescar pessoas direcionando o ar para elas.

Geladeiras e freezers devem ficar abertos o mínimo possível, pois, enquanto estão abertos, seu interior está sendo invadido pelo calor do ambiente.

E devolver esse calor ao ambiente externo envolve significativo gasto de energia elétrica. Por isso, quanto mais tempo geladeiras e freezers permanecerem abertos, maior o consumo de energia, a fim de expulsar o calor de volta ao ambiente externo.

Para lavar os utensílios da cozinha, abrir a torneira moderadamente a fim de reduzir a vazão e a pressão da água sobre o utensílio para aumentar a superfície de contato da água com o utensílio e ao mesmo tempo reduzir o consumo de água.

O que vai lavar o objeto é a água que entra em contato com ele, por isso o uso de água em excesso em nada contribui, é apenas desperdício.

O mesmo vale ao lavar as mãos: utilizar a torneira moderadamente aberta é o correto.

É por isso que em shoppings e aeroportos a gente já encontra torneiras inteligentes, que ajustam o tempo em que ficam abertas e fornecem um fluxo de água tipo chuveirinho, para melhorar o contato da água com as mãos, com um volume bem menor de água do que o volume das torneiras convencionais.

Isso aplica-se também durante o banho. Quanto mais se abre a torneira do chuveiro, maior o consumo de água e maior o consumo de energia elétrica, pois é necessário mais corrente elétrica para aquecer um volume maior de água.

Há pessoas que gostam de fazer do banho um momento de prazer, de relaxamento, ficam mais tempo com o chuveiro ligado sob um fluxo de água mais intenso, mas é um prazer que tem o seu preço financeiramente.

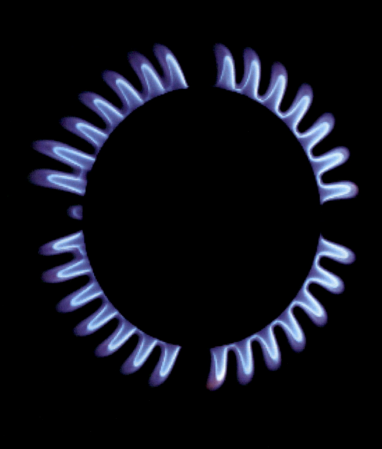

Panelas e frigideiras de menor diâmetro devem ser aquecidas nos queimadores menores do fogão.

Com a utilização dos queimadores maiores, o espalhamento da chama, ao tocar o fundo da panela, pode gerar perda de calor porque parte da chama vai extravasar o fundo e simplesmente aquecer o ar próximo à panela e não a própria, o que é um desperdício de gás.

Ao aquecer uma panela, deve-se tampá-la e utilizar chama alta, ficando atento para o descrito no comentário anterior.

Quando a temperatura atingir o ponto de fervura, deve-se reduzir o aquecimento, abaixando a intensidade da chama.

A razão disso é que, quando se atinge o ponto de ebulição, grande parte do calor é consumido para evaporar a água do conteúdo, praticamente não contribuindo para apressar o cozimento do alimento.

Da mesma forma, quando uma panela de pressão atinge o ponto de ebulição do conteúdo, iniciando aquele ruído típico indicativo de que começou a ferver, o correto e mais seguro é baixar a intensidade da chama, não só pelo exposto no comentário anterior, mas por questão de segurança.

Se a quantidade de calor for muito intensa, vamos ter, no interior da panela de pressão, a formação de vapor superaquecido, porque a válvula de escape não tem capacidade de eliminar todo o vapor formado.

Isso pode gerar um superaquecimento no interior da panela e ativar a válvula de segurança, isto é, aquela borrachinha redonda pequena que fica na tampa da panela. Pode ocorrer uma espécie de explosão, lançando material superaquecido para o exterior, o que pode provocar ferimentos e danos. E assim por diante...

Eu teria dezenas de exemplos, o que foge do nosso objetivo agora, mas para corrigir tudo isso é necessário reinventar o modo de agir das pessoas, ou seja, dar-lhes uma formação praticamente técnica. Com auxiliares domésticos, isso é mais difícil do que com os filhos.

Se você estiver contratando uma cozinheira, o sucesso estará mais garantido se as coisas começarem de modo correto. Ou seja, exponha a ela sua expectativa de ela seguir rigorosamente suas recomendações. E para tanto, deverá explicar-lhe o porquê. Diga que você fez um curso de redução de custos etc., que essas mudanças podem ser úteis também na casa dela e por aí afora.

Se você tiver uma auxiliar doméstica que tem 30 anos de experiência de cozinha, que já está trabalhando para você há 10 anos, cozinhando muito bem, como lhe dizer que ela está desperdiçando gás, água ou detergente?

O risco de criar um enorme descontentamento ou até mesmo da sua cozinheira de anos pedir as contas é muito grande!

Aqui eu lembro a história da perna de titânio, é saber dourar a pílula, é preciso ter habilidade para abordar esse assunto.

Como explicar para um torneiro mecânico ou um soldador experiente que ele está fazendo errado?

Quem passou 30 anos fazendo uma tarefa exatamente da mesma forma não tem 30 anos de experiência, tem anos de estagnação ou, provavelmente, de experiência fazendo errado.

Apesar de ter tido uma formação técnica, ao longo da minha trajetória profissional trabalhei muito, relacionando-me diretamente com pessoas, e aprendi a gostar de lidar com gente.

Mas eu já quebrei a cara várias vezes quando eu era um recém-formado, trabalhando com o pessoal do chão de fábrica.

Aprendi a falar a língua do chão de fábrica, jogando palito e jogando truco no descanso do almoço; e tomando cachaça e comendo mortadela no boteco ao final do expediente.

Mas quando se ganha a estima das pessoas, você consegue desmontar crenças para montar ensinamentos, porque você tem credibilidade e estima.

Tudo é diferente e eu aprendi a ganhar estima, valorizando as pessoas mais humildes que não puderam estudar, respeitando essas pessoas, falando a mesma língua delas.

Na vida profissional algumas vezes eu ganhei opositores, mas também ganhei a estima e o apoio das pessoas mais importantes, aquelas que faziam as coisas acontecerem.

Passei a entender as limitações dessas pessoas e passei a dar oportunidade a elas para aprenderem a fazer tarefas de maneira mais adequada, a economizar e a reduzir desperdícios.

E deu muito certo, creio que de outro jeito não seria possível.

Tudo isso é muito educativo no processo da independência e crescimento dos filhos menores.

Esse processo com os filhos é mais fácil; eles respeitam, naturalmente, o conhecimento e a autoridade dos pais.

Acredito que seja como na Igreja: creio ser muito mais fácil para o Papa, do que pra ninguém mais, ensinar o Pai-Nosso ao vigário. Pois o Papa tem mais conhecimento, entende mais de Deus, tem autoridade e o respeito do vigário.

Os filhos devem aprender a executar as funções básicas da casa, pois amanhã a auxiliar doméstica ou a diarista pode ficar doente e tirar alguns dias de folga etc.

Por isso, todos os residentes da casa devem saber utilizar adequadamente os recursos.

No caso dos filhos, é muito positivo eles saberem fazer a arrumação do próprio quarto, preparar a alimentação básica na cozinha e lavar ou passar uma roupa numa situação de emergência.

64

VALORIZANDO O DINHEIRO

Quando todos começam a descobrir oportunidades de gastar menos e entender os benefícios que isso pode trazer, cria-se um ambiente muito propício para obter resultados e valorizar o dinheiro.

Vimos que se podem reduzir custos prospectando preços melhores, migrando para marcas de preços mais baixos, reduzindo o volume de consumo ou eliminando determinado item do orçamento, fazendo economia e evitando desperdícios.

A cesta de oportunidades é muito grande, mas vimos também que esse processo deve ser participativo, com envolvimento, discussão, argumentação, sugestões, enfim, nesse processo, todos é imprescindível que todos tenham a oportunidade de participar e a legitimidade de sugerir.

Dessa forma, o processo acaba sendo uma espécie de jogo, onde o grande vilão é o gasto, que todos querem matar, quero dizer, reduzir.

Não só os filhos, como já mencionamos, mas também os pais precisam ter uma cota para gastar. Essa cota tem que ter um limite estabelecido com bom senso.

Se os filhos dependentes ainda não têm mesada, é o momento certo para ambas as coisas.

Pedir dinheiro para os pais, além de ser desconfortante, tira a oportunidade de o filho administrar seu próprio dinheiro e aprender a dar valor ao dinheiro que recebe como mesada.

O mais conveniente é montar o orçamento financeiro com cada filho, abrir uma conta conjunta e fazer transferências no meio e no final de cada mês.

No início é possível que falte dinheiro, mas num prazo curto a maioria aprende a administrar seus gastos para não faltar.

Todo esse conjunto de esforços pode trazer uma redução significativa de gasto de dinheiro na família.

Essas providências são muito importantes para que todos passem a ter um relacionamento melhor com o dinheiro.

E isso vem com o amadurecimento, com a valorização do dinheiro, que, na maioria das famílias, é o fruto do nosso trabalho.

Ganhar dinheiro nem sempre é prazeroso porque, além das incertezas que ocorrem, ganhar dinheiro requer esforço pessoal, requer sacrifícios. Mas é muito importante.

O diretor comercial de uma multinacional não é, ele está diretor comercial, pois no final do dia, pode não estar mais, ou seja, pode estar desempregado.

Fiz esse comentário para falar de reserva técnica estratégica.

67

Este é um bom momento para falarmos da necessidade de se ter uma reserva financeira, que considero da mais alta importância, tão importante como um extintor de incêndio para apagar um incêndio no começo, se isso acontecer.

A reserva financeira se constrói, gradativamente, com economia mensal ou pela conversão de um bem em dinheiro vivo.

É muito importante saber como proteger essa reserva estratégica das condições provocadas por cenários negativos, como inflação, taxa de juros, incertezas etc.

A reserva financeira é uma proteção para situações não tão graves nem devastadoras; é o oxigênio cujas máscaras caem automaticamente durante um voo, quando há uma despressurização da cabine, a fim de dar tempo à tripulação para tomar providências, até mesmo um pouso de emergência no aeroporto mais próximo, se for o caso.

Ela é importante para cobrir uma falta temporária de receitas se, por alguma razão, isso acontecer; é como a reserva do tanque de combustível, que sinaliza a necessidade de um reabastecimento, para o carro não deixar ninguém na rua de repente.

É importante consultar um profissional financeiro para conhecer alternativas de proteção, mas não o gerente do banco.

Vejo muitas pessoas se referirem a esse profissional como "O meu gerente me aconselhou este produto do banco...".

Puro engano, o gerente é pago para trabalhar primeiramente para o banco e depois para o cliente, por isso ele vai oferecer um produto que dá mais lucro ao banco e não o que seria melhor para o cliente, é pra isso que ele é pago, para trazer o melhor resultado para o banco.

Um acidente pode deixar um profissional autônomo sem ganhar por semanas, ou meses, e é aí que a reserva financeira vai mostrar a sua importância.

Quero também chamar a atenção para dois personagens inevitáveis no nosso dia a dia, que são muito perigosos: cartão de crédito e cheque especial.

O cartão de crédito é uma maneira de facilitar gastos, do dinheiro que você tem e do dinheiro que você ainda não tem.

Se você tem R$5.000,00 numa conta e não precisa desse dinheiro, você pode gastar até esse valor em compras utilizando o cartão de crédito, porque você sabe que, quando a fatura chegar, você vai poder pagar. Nesse caso, o cartão de crédito funciona como o colesterol bom.

Mas se você gasta R$8.000,00 em compras utilizando o cartão de crédito, você está achando que antes de pagar a fatura do cartão você vai ter mais R$3.000,00 para pagar a fatura, o que é apenas um achismo, uma expectativa.

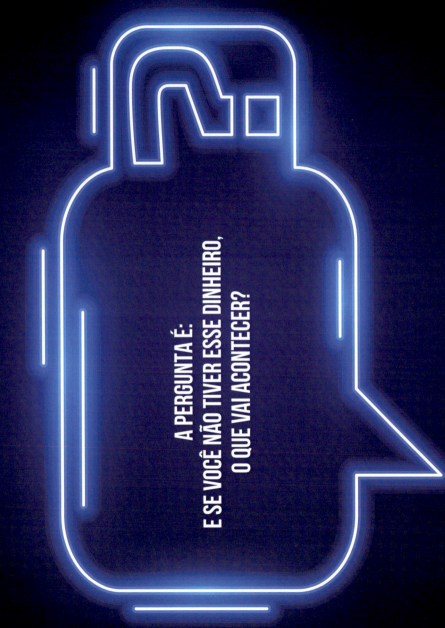

Provavelmente o que vai acontecer é você ter que pedir ao seu cartão de crédito para esperar, ou seja, parcelar o seu pagamento, o que na verdade é um financiamento de R$3.000,00, agora ele atua como o colesterol ruim, vai causar um dano na sua saúde financeira!

E sabe por quê?

Porque por essa cortesia do seu cartão, você vai pagar uma taxa de juros absurda, imoral!

Por isso, você só deve utilizar seu cartão de crédito com segurança, até o valor do dinheiro que você já tem para pagar a fatura.

É como no modesto restaurante de estrada, que tem no cardápio um prato de peixes sem ter os peixes, mas acreditando no sucesso do pescador que entrega peixe fresco todos os dias, mas nem todos.

Já o cheque especial foi uma invenção dos bancos e instituições similares de algumas décadas atrás. Era chique ter um limite de crédito para cheque especial, um atestado de credibilidade e de status.

A instituição concedia o uso de um certo valor acima do saldo do cliente, bancado pelo banco, disfarçadamente como um benefício, uma prova de credibilidade, de acreditar na honestidade do cliente caso ele precisasse, para cobrir posteriormente esse crédito concedido; na verdade, pagar a dívida.

Mas esse crédito de honestidade era para facilitar um empréstimo disfarçado e tinha um custo: juros, e juros muito altos.

Na verdade, para mim o cheque especial é uma das mais perversas e habilidosas armadilhas, inventada pelas instituições financeiras que operam essa modalidade para explorar os clientes com taxas de juros altíssimas.

71

Como a instituição já tem o cadastro do cliente, o cheque especial nada mais é que um empréstimo automático, sem burocracia, mas com uma taxa de juros exorbitante, indecente!

Deveria ser ilegal, porque é um estímulo, uma sedução para uma pessoa gastar o que não tem, pagando juros absurdos!

Por isso eu recomendo utilizar o cartão de crédito adequadamente, até o limite que já possui para pagar a fatura e nunca apostando no futuro.

Quanto ao cheque especial, ou você agradece e dispensa ou aceita, só para mostrar status, mas nunca utilize, porque não passa de uma armadilha de baixíssimo nível, imoral!

Tudo isso vai levar a um amadurecimento financeiro e todos vão dar mais valor ao dinheiro, ou seja, vão passar a utilizar o dinheiro e não simplesmente gastá-lo, o que é muito diferente, certamente nunca vão gastar um valor que não têm, apostando no futuro.

Inconscientemente, nesse grau de maturidade vão se perguntar: esta é a melhor oportunidade que eu tenho para gastar R$800,00 nessa transação?

Essa pergunta vai funcionar sempre como um redutor de impulso e vai trazer a pessoa para decisões racionais e não decisões impulsivas, destruindo argumentos equivocados, como "Eu já trabalhei muito nesta vida, eu mereço".

PROTEGENDO A FAMÍLIA

Ali atrás, mencionei que a reserva financeira é uma proteção para as situações temporárias, não tão graves nem devastadoras; e é verdade.

Mas... e se uma situação muito grave e devastadora ocorrer?

Sem dúvida, isso pode acontecer. Por exemplo, a morte prematura do único ou principal provedor financeiro dessa família, que vimos citando aqui; ou um acidente ou doença grave em que o plano de saúde não vai funcionar. São situações que podem consumir um patrimônio, devastar o padrão de vida de uma família e causar um enorme sofrimento.

Entretanto, tem proteção para isso também. Se você não pode evitar um risco, pode minimizar seus efeitos caso

o evento ocorra, e o dinheiro que se gasta nisso vale a pena, porque não é um custo, é um investimento para proteger um patrimônio e a estabilidade financeira da família.

Imagine investir na compra de um terreno, no projeto arquitetônico, na construção da casa, no paisagismo e não cuidar da segurança desse patrimônio, dessa casa que custou uma grande soma de dinheiro para uma família de classe média.

Estão faltando o rottweiler, o alarme, e a cerca elétrica para a proteção contra a invasão de malfeitores e, por que não, um seguro para proteção contra furtos e danos.

Mas... e a proteção contra danos aos moradores?

É disso que vamos tratar agora.

Então vamos falar de seguros? Não exatamente, vamos falar de proteção, pois nós não somos avançados culturalmente como outros países.

Não temos o hábito de proteger. Será porque não temos disponibilidade de bons produtos de proteção no mercado local, ou será que eles não existem aqui no Brasil porque não há demanda?

Existem proteções de alta qualidade no mercado internacional que podem ser contratadas legalmente, como proteção para vida, saúde, aposentadoria etc.

Recomendo que a família procure um profissional para desenhar uma arquitetura de proteção, a fim de evitar decisões por conta própria e sem conhecimento; evitar também gastar dinheiro em excesso e não respeitar uma escala de prioridades.

Qualquer pessoa que tome uma iniciativa, sem ser do ramo, age como alguém inexperiente que compra um terreno para fazer uma casa de campo e começa a construção sem planejamento algum.

76

Ainda não há dinheiro para a construção da casa de campo, mas dá pra fazer uma churrasqueira, que acaba gerando a necessidade de construir um banheiro e, depois, uma pequena cozinha, e assim por diante.

Após criar um monstrinho sem planejamento, o proprietário chama o arquiteto para dar um jeito naquilo que não tem jeito, a não ser demolir tudo e começar a fazer direito.

NA MINHA PERCEPÇÃO, EU COLOCO AS NECESSIDADES DE PROTEÇÃO NA SEGUINTE ORDEM:

A primeira prioridade dessa nossa família virtual é contratar uma reserva financeira caso ocorra a morte prematura do principal provedor financeiro ou de ambos. Essa reserva financeira tem que ser suficiente para custear a educação dos filhos e manter o padrão de vida da família.

A segunda prioridade seria ter um plano de saúde básico, para o dia a dia, e contratar um seguro saúde para complementar, ou seja, para pagar o tratamento de situações graves, que não estão cobertas ou mal cobertas pelo plano básico.

Por exemplo, o tratamento de um câncer, uma hospitalização etc., ou seja, situações de alto risco e de alto custo, que exigem tecnologias de tratamento muito modernas e avançadas, portanto, de alto custo.

A terceira prioridade é iniciar uma poupança, de preferência em moeda forte, pensando num futuro projeto de montar um negócio próprio ou para complementar uma futura aposentadoria.

Nosso grande escritor João Guimarães Rosa
tem uma frase de que eu gosto muito:

"VIVER É MUITO PERIGOSO...".

De fato, a Vida é um processo de imponderáveis, convivemos com riscos o tempo todo e são muitos, isso é inevitável, é a vida.

O que devemos fazer é evitar a exposição a riscos sempre que possível, criar uma cultura de segurança, dirigir com segurança, atravessar a rua somente no sinal verde e na faixa de segurança, fazer saques em caixas eletrônicos em horários adequados, cuidar da saúde e assim por diante.

É muito importante, também, planejar o uso do tempo, todas as rotinas do dia, viver em paz com o dinheiro, ter tempo para o trabalho, para a família, para o lazer etc.

Afinal, a Natureza deu 24h por dia para cada um de nós, sem exceção, desde o mendigo até o milionário.

A Vida é uma dádiva, é maravilhosa, por isso a gente precisa planejar esta jornada, a nossa existência, e enxergar a Vida como uma grande festa que precisa ser comemorada todos os dias, ainda que modestamente!